VIVIR POCO Y LLORANDO

RAFAEL ALBERTI (1902-1999) nació en Puerto de Santa María y en 1917 se trasladó con su familia a Madrid. Abandonó los estudios y se dedicó a la pintura. Sin embargo, a partir de 1921 consolidó su vocación poética y en los años siguientes frecuentó la Residencia de Estudiantes, donde conoció a Lorca, Dalí, Buñuel y otros artistas de la Generación del 27. En 1925 obtuvo el Premio Nacional de Literatura con *Marinero en tierra*. Tras la Guerra Civil, empezó un largo exilio que le llevó primero a París, donde trabó amistad con Neruda y Picasso, y luego a Argentina y Roma. Finalmente, el 27 de abril de 1977, treinta y ocho años más tarde, regresó a España. Personaje singular de nuestra historia reciente, su vida está ligada durante casi un siglo a los acontecimientos culturales, políticos y sociales más destacados de nuestro país. Alberti ha llenado con sus versos las páginas más importantes de la poesía contemporánea, configurando una obra vasta y poderosa, comprometida con la lengua y la colectividad.

VIVIR POCO Y LLORANDO

RAFAEL ALBERTI

Selección de Carlos Feliu

SUEÑO DEL MARINERO

Yo, marinero, en la ribera mía,
posada sobre un cano y dulce río
que da su brazo a un mar de Andalucía,

sueño en ser almirante de navío,
para partir el lomo de los mares,
al sol ardiente y a la luna fría.

¡Oh los yelos del sur! ¡Oh las polares
islas del norte! ¡Blanca primavera,
desnuda y yerta sobre los glaciares,

cuerpo de roca y alma de vidriera!
¡Oh estío tropical, rojo, abrasado,
bajo el plumero azul de la palmera!

Mi sueño, por el mar condecorado,
va sobre su bajel, firme, seguro,
de una verde sirena enamorado,

concha del agua allá en su seno oscuro.
¡Arrójame a las ondas, marinero:
—Sirenita del mar, yo te conjuro!

¡Sal de tu gruta, que adorarte quiero,
sal de tu gruta, virgen sembradora,
a sembrarme en el pecho tu lucero!

Ya está flotando el cuerpo de la aurora
en la bandeja azul del océano
y la cara del cielo se colora

de carmín. Deja el vidrio de tu mano
disuelto en la alba urna de mi frente,
alga de nácar, cantadora en vano

bajo el verjel azul de la corriente.
¡Gélidos desposorios submarinos,
con el ángel barquero del relente

y la luna del agua por padrinos!
El mar, la tierra, el aire, mi sirena,
surcaré atado a los cabellos finos

y verdes de tu álgida melena.
Mis gallardetes blancos enarbola,
¡oh marinero!, ante la aurora llena

¡y ruede por el mar tu caracola!

A ROSA DE ALBERTI,
QUE TOCABA, PENSATIVA, EL ARPA
(Siglo xix)

Rosa de Alberti allá en el rodapié
del mirador del cielo se entreabría,
pulsadora del aire y prima mía,
al cuello un lazo blanco de moaré.

El barandal del arpa, desde el pie
hasta el bucle en la nieve, la cubría.
Enredando sus cuerdas, florecía
—alga en hilos— la mano que se fue.

Llena de suavidades y carmines,
fanal de ensueño, vaga y voladora,
voló hacia los más altos miradores.

¡Miradla Querubín de querubines,
del vergel de los aires pulsadora,
Pensativa de Alberti entre las flores!

EL HERIDO

A Ita

–Dame tu pañuelo, hermana,
que vengo muy mal herido.

–Dime qué pañuelo quieres,
si el rosa o color de olivo.

–Quiero un pañuelo bordado,
que tenga en sus cuatro picos
tu corazón dibujado.

SALINERO

…Y ya estarán los esteros
rezumando azul de mar.
¡Dejadme ser, salineros,
granito del salinar!

¡Qué bien, a la madrugada,
correr en las vagonetas
llenas de nieve salada,
hacia las blancas casetas!

¡Dejo de ser marinero,
madre, por ser salinero!

CON ÉL

Si Garcilaso volviera,
yo sería su escudero;
que buen caballero era.

Mi traje de marinero
se trocaría en guerrera,
ante el brillar de su acero;
que buen caballero era.

¡Qué dulce oírle, guerrero
al borde de su estribera!
En la mano, mi sombrero;
que buen caballero era.

La mar del Puerto viene
negra y se va.
¿Sabes adónde va?
¡No lo sé yo!

De verde, verde, verde,
vuelve y se va.
¿Sabes adónde va?
¡Sí lo sé yo!

ITINERARIO HACIA LAS TIERRAS ALTAS

1

Madrid

Por amiga, por amiga.
Sólo por amiga.

Por amante, por querida.
Sólo por querida.

Por esposa, no.
Sólo por amiga.

8

La Horra

Aquí una casa, querida,
sólo con cuatro balcones,
sólo con cuatro cortinas,
sólo con dos corazones
y un espejito, mi vida.

13

> De Aranda de Duero
> a Peñaranda de Duero

¡Castellanos de Castilla,
nunca habéis visto la mar!

¡Alerta, que en estos ojos
del sur y en este cantar
yo os traigo toda la mar!

¡Miradme, que pasa el mar!

52

> Sestao

Tan alegre el marinero.
Tan triste, amante, el minero.

Tan azul el marinero.
Tan negro, amante, el minero.

PRÓLOGO
A «EL ALBA DEL ALHELÍ»

Todo lo que por ti vi
—la estrella sobre el aprisco,
el carro estival del heno
y el alba del alhelí—,
si me miras, para ti.

Lo que gustaste por mí
—la azúcar del malvavisco,
la menta del mar sereno
y el humo azul del benjuí—,
si me miras, para ti.

MODAS

Tú no sabes lo que es eso
y ojalá nunca lo sepas:
en la boca el colorete,
las melenitas cortadas,
el cuerpo sobre la falda,
y las medias transparentes.
¡Viva toda tú franjada
de redondeles de grana!

¿No sabes que ya las rosas
no son del tiempo, en la cara?
Si a ti las pinta el aire,
¡mejor que mejor, serrana!

¿No sabes que los cabellos
los peinan peines de plata?
Si a ti los peina el viento,
¡mejor que mejor, serrana!

¿No sabes tú que las medias
son de seda y no de lana?
Si son de algodón las tuyas,
¡mejor que mejor, serrana!

LA MALDECIDA

4

No quiero, no, que te rías,
ni que te pintes de azul los ojos,
ni que te empolves de arroz la cara,
ni que te pongas la blusa verde,
ni que te pongas la falda grana.

Que quiero verte muy seria,
que quiero verte siempre muy pálida,
que quiero verte siempre llorando,
que quiero verte siempre enlutada.

ALGUIEN

2

Por aquello que al niño
en la frente le hice,
en la sombra no sé
que otra sombra me sigue.

PLAYERAS

2

A la sombra de una barca,
fuera de la mar, dormido.

Descalzo y el torso al aire.
Los hombros, contra la arena.

Y contra la arena, el sueño,
a la sombra de una barca
fuera de la mar, sin remos.

17

¡Quién cabalgara el caballo
de espuma azul de la mar!

De un salto
¡quién cabalgara la mar!

¡Viento, arráncame la ropa!
¡Tírala, viento, a la mar!

De un salto,
quiero cabalgar la mar.

¡Amárrame a los cabellos,
crin de los vientos del mar!

De un salto,
quiero ganarme la mar.

PARAÍSO PERDIDO

A través de los siglos,
por la nada del mundo,
yo, sin sueño, buscándote.

Tras de mí, imperceptible,
sin rozarme los hombros,
mi ángel muerto, vigía.

¿Adónde el Paraíso,
sombra, tú que has estado?
Pregunta con silencio.

Ciudades sin respuesta,
ríos sin habla, cumbres
sin ecos, mares mudos.

Nadie lo sabe. Hombres
fijos, de pie, a la orilla
parada de las tumbas,

me ignoran. Aves tristes,
cantos petrificados
en éxtasis el rumbo,

ciegas. No saben nada.
Sin sol, vientos antiguos,
inertes, en las leguas

por andar, levantándose
calcinados, cayéndose
de espaldas, poco dicen.

Diluidos, sin forma
la verdad que en sí ocultan,
huyen de mí los cielos.

Ya en el fin de la Tierra,
sobre el último filo,
resbalando los ojos,

muerta en mí la esperanza,
ese pórtico verde
busco en las negras simas.

¡Oh boquete de sombras!
¡Hervidero del mundo!
¡Qué confusión de siglos!

¡Atrás, atrás! ¡Qué espanto
de tinieblas sin voces!
¡Qué perdida mi alma!

–Ángel muerto, despierta.
¿Dónde estás? Ilumina
con tu rayo el retorno.

Silencio. Más silencio.
Inmóviles los pulsos
del sinfín de la noche.

¡Paraíso perdido!
Perdido por buscarte,
yo, sin luz para siempre.

EL CUERPO DESHABITADO

1

Yo te arrojé de mi cuerpo,
yo, con un carbón ardiendo.

—Vete.

Madrugada.
La luz, muerta en las esquinas
y en las casas.
Los hombres y las mujeres
ya no estaban.

—Vete.

Quedó mi cuerpo vacío,
negro saco, a la ventana.

Se fue.

—Se fue, doblando las calles.
Mi cuerpo anduvo, sin nadie.

2

Que cuatro sombras malas
te sacaron en hombros,
muerta.

De mi corazón, muerta,
perforando tus ojos
largas púas de encono
y olvido.

De olvido,
sin posible retorno.
Muerta.

Y entraste tú de pie,
bella.
Entraste tú, y ahora,
por los cielos peores,
tendida,
fea,
sola.

Tú.

Sola entre cuatro sombras.
Muerta.

3

¿Quién sacude en mi almohada
reinados de yel y sangre,
cielos de azufre,
mares de vinagre?

¿Qué voz difunta los manda?
Contra mí, mundos enteros,
contra mí, dormido,
maniatado,
indefenso.

Nieblas de a pie y a caballo,
nieblas regidas
por humos que yo conozco
en mí enterrados,
van a borrarme.

Y se derrumban murallas,
los fuertes de las ciudades
que me velaban.

Y se derrumban las torres,
las empinadas
centinelas de mi sueño.
Y el viento,
la tierra,
la noche.

4

Tú. Yo. (Luna.) Al estanque.
Brazos verdes y sombras
te apretaban el talle.

Recuerdo. No recuerdo.
¡Ah, sí! Pasaba un traje
deshabitado, hueco,
cal muerta, entre los árboles.

Yo seguía… Dos voces
me dijeron que a nadie.

5

Dándose contra los quicios,
contra los árboles.

La luz no le ve, ni el viento,
ni los cristales.
Ya, ni los cristales.

No conoce las ciudades.
No las recuerda.
Va muerto.
Muerto, de pie, por las calles.

No le preguntéis. ¡Prendedle!
No, dejadle.

Sin ojos, sin voz, sin sombra.
Ya, sin sombra.
Invisible para el mundo,
para nadie.

LOS DOS ÁNGELES

Ángel de luz, ardiendo,
¡oh, ven!, y con tu espada
incendia los abismos donde yace
mi subterráneo ángel de las nieblas.

¡Oh espadazo en las sombras!
Chispas múltiples,
clavándose en mi cuerpo,
en mis alas sin plumas,
en lo que nadie ve,
vida.

Me estás quemando vivo.
Vuela ya de mí, oscuro
Luzbel de las canteras sin auroras,
de los pozos sin agua,
de las simas sin sueño,
ya carbón del espíritu,
sol, luna.

Me duelen los cabellos
y las ansias. ¡Oh, quémame!
¡Más, más, sí, sí, más! ¡Quémame!

¡Quémalo, ángel de luz, custodio mío,
tú que andabas llorando por las nubes,
tú, sin mí, tú, por mí,
ángel frío de polvo, ya sin gloria,
volcado en las tinieblas!

¡Quémalo, ángel de luz,
quémame y huye!

EL ÁNGEL SUPERVIVIENTE

Acordaos.
La nieve traía gotas de lacre, de plomo derretido
y disimulos de niña que ha dado muerte a un cisne.
Una mano enguantada, la dispersión de la luz y el
   lento asesinato.
La derrota del cielo, un amigo.

Acordaos de aquel día, acordaos
y no olvidéis que la sorpresa paralizó el pulso y el
   color de los astros.
En el frío, murieron dos fantasmas.
Por un ave, tres anillos de oro
fueron hallados y enterrados en la escarcha.
La última voz de un hombre ensangrentó el viento.
Todos los ángeles perdieron la vida.
Menos uno, herido, alicortado.

ELEGÍA A GARCILASO
(LUNA 1503-1536)

… Antes de tiempo y casi en flor cortada.
G. de la V.

Hubierais visto llorar sangre a las yedras cuando el agua más triste se pasó toda una noche velando a un yelmo ya sin alma,
a un yelmo moribundo sobre una rosa nacida en el vaho que duerme los espejos de los castillos
a esa hora en que los nardos más secos se acuerdan de su vida
al ver que las violetas difuntas abandonan sus cajas y los laúdes se ahogan por arrullarse a sí mismos.
Es verdad que los fosos inventaron el sueño y los fantasmas. Yo no sé lo que mira en las almenas esa inmóvil armadura vacía.

¿Cómo hay luces que decretan tan pronto la agonía de las espadas
si piensan en que un lirio es vigilado por hojas que duran mucho más tiempo?

Vivir poco y llorando es el sino de la nieve que equivoca su ruta.

En el sur siempre es cortada casi en flor el ave fría.

HAROLD LLOYD, ESTUDIANTE
(Poema representable)

¿Tiene usted el paraguas?
Avez-vous le parapluie?

No, señor, no tengo el paraguas.
Non, monsieur, je n'ai pas le parapluie.

Alicia, tengo el hipopótamo,
l'hippopotame para ti.
Avez-vous le parapluie?

Oui.
Yes.
Sí.

Que, cual, quien, cuyo.
Si la lagarta es amiga mía,
evidentemente el escarabajo es amigo tuyo.
¿Fuiste tú la que tuvo la culpa de la lluvia?
Tú no tuviste nunca la culpa de la lluvia.

Alicia, Alicia, yo fui,
yo que estudio por ti
y por esta mosca inconsciente, ruiseñor de mis gafas
 en flor.

29, 28, 27, 26, 25, 24, 23, 22.
$2\pi r, \pi r2$
y se convirtió en mulo Nabucodonosor
y tu alma y la mía en un ave real del Paraíso.

Ya los peces no cantan en el Nilo,
ni la luna se pone para las dalias del Ganges.

Alicia,
¿por qué me amas con ese aire tan triste de cocodrilo
y esa pena profunda de ecuación de segundo grado?

Le printemps pleut sur Les Anges.

La primavera llueve sobre Los Ángeles
en esa triste hora en que la policía
ignora el suicidio de los triángulos isósceles
más la melancolía de un logaritmo neperiano
y el unibusquibusque facial.

En esa triste hora en que la luna viene a ser casi igual
a la desgracia integral
de este amor mío multiplicado por X
y a las alas de la tarde que se dobla sobre una flor de
acetileno
o una golondrina de gas.

De este puro amor mío tan delicadamente idiota.
Quousque tandem abutere Catilina patientia nostra?

Tan dulce y deliberadamente idiota,
capaz de hacer llorar a la cuadratura del círculo
y obligar a ese tonto de D. Nequaqua Schmit a
    a subastar públicamente esas estrellas propiedad de
    los ríos
y esos ojos azules que me abren los rascacielos.

¡Alicia, Alicia, amor mío!
¡Alicia, Alicia, cabra mía!
Sígueme por el aire en bicicleta,
aunque la policía no sepa astronomía,
la policía secreta.
Aunque la policía ignore que un soneto
consta de dos cuartetos
y dos tercetos.

TELEGRAMA DE LUISA FAZENDA
A BEBE DANIELS Y HAROLD LLOYD

Decidida mostrar le cul et les jambes aux soldats
acepto empleo fino marimacho
imprudente viento me confundió ayer cabra
río
gafas enamoradas
y amoroso saltamontes escote
risa ombligo
cadera tierno pellizco
parir
pienso parir burro delicado y feo niño
domino luna y francés.

HACE FALTA ESTAR CIEGO

Hace falta estar ciego,
tener como metidas en los ojos raspaduras de vidrio,
cal viva,
arena hirviendo,
para no ver la luz que salta en nuestros actos,
que ilumina por dentro nuestra lengua,
nuestra diaria palabra.

Hace falta querer morir sin estela de gloria y alegría,
sin participación de los himnos futuros,
sin recuerdo en los hombres que juzguen el pasado
sombrío de la Tierra.

Hace falta querer ya en vida ser pasado,
obstáculo sangriento,
cosa muerta,
seco olvido.

COLEGIO (S.J.)

5

Veo los años,
los mismos que ahora escucho volver a mí esta tarde
colgados de sotanas,
espantajos oscuros,
henchidos como cerdos de pez muerta que fueran
    navegando,
dejando tras de sí una cola de tinta goteada de
    esperma sucia y vómito.

Oigo cómo me invaden crucifijos,
despiadadas penumbras de toses con rosarios y
    vía-crucis
y un olor a café,
a desayuno seco,
descompuesto en las bocas tibias de los
    confesionarios.

No es posible que vuelva este mismo paisaje,
que reconquiste ni por un momento su sueño
 embrutecido de moscas,
formol y humo.
No es posible otra vez este retrete sórdido de hábitos
 con eructos y sopa de tapioca.
No es posible,
no quiero,
no es posible querer para vosotros la misma infancia
 y muerte.

GALOPE

Las tierras, las tierras, las tierras de España,
las grandes, las solas, desiertas llanuras.
Galopa, caballo cuatralbo,
jinete del pueblo,
al sol y a la luna.

¡A galopar,
a galopar,
hasta enterrarlos en el mar!

A corazón suenan, resuenan, resuenan
las tierras de España en las herraduras.
Galopa, jinete del pueblo,
caballo cuatralbo,
caballo de espuma.

¡A galopar,
a galopar,
hasta enterrarlos en el mar!

Nadie, nadie, nadie, que enfrente no hay nadie;
que es nadie la muerte si va en tu montura.
Galopa, caballo cuatralbo,
jinete del pueblo,
que la tierra es tuya.

¡A galopar,
a galopar,
hasta enterrarlos en el mar!

NOCTURNO

Cuando tanto se sufre sin sueño y por la sangre
se escucha que transita solamente la rabia,
que en los tuétanos tiembla despabilado el odio
y en las médulas arde continua la venganza,
las palabras entonces no sirven: son palabras.

Balas. Balas.

Manifiestos, artículos, comentarios, discursos,
humaredas perdidas, neblinas estampadas,
¡qué dolor de papeles que ha de barrer el viento,
qué tristeza de tinta que ha de borrar el agua!

Balas. Balas.

Ahora sufro lo pobre, lo mezquino, lo triste,
lo desgraciado y muerto que tiene una garganta
cuando desde el abismo de su idioma quisiera
gritar lo que no puede por imposible, y calla.

Balas. Balas.

Siento esta noche heridas de muerte las palabras.

DE AYER PARA HOY

Después de este desorden impuesto, de esta prisa,
de esta urgente gramática necesaria en que vivo,
vuelva a mí toda virgen la palabra precisa,
virgen el verbo exacto con el justo adjetivo.

Que cuando califique de verde al monte, al prado,
repitiéndole al cielo su azul como a la mar,
mi corazón se sienta recién inaugurado
y mi lengua el inédito asombro de crear.

2

Si yo no viniera de donde vengo; si aquel reaparecido, pálido, yerto horror no me hubiera empujado a estos nuevos kilómetros todavía sin lágrimas; si no colgara, incluso de los mapas más tranquilos, la continua advertencia de esa helada y doble hoja de muerte; si mi nombre no fuera un compromiso, una palabra dada, un expuesto cuello constante, tú, libro que ahora vas a abrirte, lo harías solamente bajo un signo de flor, lejos de él la fija espada que lo alerta.

Hincado entre los dos vivimos: de un lado, un seco olor a sangre pisoteada; de otro, un aroma a jardines, a amanecer diario, a vida fresca, fuerte, inexpugnable. Pero para la rosa o el clavel hoy cantan pájaros más duros, y sobre dos amantes embebidos puede bajar la muerte silbadora desde esas mismas nubes en que soñaran verse viajando, vapor de espuma por la espuma.

No te muevas. Silencio. No te muevas.

Sobre las alamedas de los verdes más íntimos, un decreto de fuego. Sobre el sueño, en la noche, ausente bajo sábanas de temores rendidos, la ley del sobresalto, la explosión imprecisa. E igual sobre la torre, el cristal, el humo, el charco de las ranas, el césped madruguero…

Espada, espada, espada, espadas.

Y mientras, en acoso, en abrazo, en sitio, la imaginación siempre atónita, con ojeras y párpados de asombro, ardiendo por la fuerza de la sangre; mandando desmandada, aferrándose ansiosa, imperecedera, en lo que deseáramos eterno por debajo de los escombros, aplastado por las ruinas.

Clavel, clavel, clavel, claveles.

Salta, gallo de alba: mira que alcobas encendidas van a abrírsete. Caballo, yerba, perro, toro: tenéis llama de hombre. Aceleraos. Hay cambios en el aire. Errores floridos. Pero… Silencio. Oíd. Esperad. No os mováis.

Hoy como espada quedaréis, mis ojos…
                    Lope de Vega

METAMORFOSIS DEL CLAVEL

A Ricardo E. Molinari

6

(A Ninoche)

El caballo pidió sábanas,
rizadas como los ríos.
Sábanas blancas.

Quiero ser hombre una noche.
Llamadme al alba.

La mujer no lo llamó.
(Nunca más volvió a su cuadra.)

8

Se equivocó la paloma.
Se equivocaba.

Por ir al norte, fue al sur.
Creyó que el trigo era agua.
Se equivocaba.

Creyó que el mar era el cielo;
que la noche, la mañana.
Se equivocaba.

Que las estrellas, rocío;
que la calor, la nevada.
Se equivocaba.

Que tu falda era tu blusa;
que tu corazón, su casa.
Se equivocaba.

(Ella se durmió en la orilla.
Tú, en la cumbre de una rama.)

9

Al alba, se asombró el gallo.

El eco le devolvía
voz de muchacho.

Se halló signos varoniles,
el gallo.

Se asombró el gallo.

Ojos de amor y pelea,
saltó a un naranjo.

Del naranjo, a un limonar;
de los limones, a un patio;
del patio, saltó a una alcoba,
el gallo.

La mujer que allí dormía
lo abrazó.

Se asombró el gallo.

COMO LEALES VASALLOS

7

En estas tierras agenas verán las moradas cómmo se fazen,
afarto verán por los ojos cómmo se gana el pane.

> Duras, las tierras ajenas.
> Ellas agrandan los muertos,
> ellas.
>
> Triste, es más triste llegar
> que lo que se deja.
> Ellas agrandan el llanto,
> ellas.
>
> Cuando duele el corazón,
> callan ellas.
>
> Crecen hostiles los trigos
> para el que llega.

Si dice: —Mira qué árbol
como aquel...
                Todos recelan.

¡El mar! ¡El mar! ¡Cuántas olas
que no regresan!

Andan los días e las noches, que vagar non se dan...

A LA PINTURA

A ti, lino en el campo. A ti, extendida
superficie, a los ojos, en espera.
A ti, imaginación, helor u hoguera,
diseño fiel o llama desteñida.

A ti, línea impensada o concebida.
A ti, pincel heroico, roca o cera,
obediente al estilo o la manera,
dócil a la medida o desmedida.

A ti, forma; color, sonoro empeño
porque la vida ya volumen hable,
sombra entre luz, luz entre sol, oscura.

A ti, fingida realidad del sueño.
A ti, materia plástica palpable.
A ti, mano, pintor de la Pintura.

A CÁDIZ, BASE EXTRANJERA

Cádiz, espero de ti
lo que tú esperas de mí.

Muy cerca estás de Gibraltar
y hoy mucho más de Nueva York.
Dime en qué lengua vas a hablar,
con qué tacón taconear
y en qué cantar decir tu amor.

¿Quién va a mirarse en tus esteros,
quién a manchar va tus salinas,
quién a insultar tus marineros
y tus veleras cristalinas?

Haz de tu gracia un mar tirano,
de tu sonrisa un viento fuerte,
y sepa el norteamericano
que Cádiz puede alzar la mano
para la danza de la muerte.

Cádiz, espero de ti
lo que tú esperas de mí.

RETORNOS DE CHOPIN
A TRAVÉS DE UNAS MANOS YA IDAS

A mi madre,
que nos unía a todos en la
música de su viejo piano.

Era en el comedor, primero, era en el dulce
comedor de los seis: Agustín y María,
Milagritos, Vicente, Rafael y Josefa.
De allí me viene ahora, invierno aquí, distantes,
casi perdidos ya, desvanecidos míos,
hermanos que no pude llevar a mi estatura;
de allí me viene ahora este acorde de agua,
de allí también, ahora,
esta nocturna rama de arboleda movida,
esta orilla de mar, este amor, esta pena
que hoy, velados en lágrimas, me juntan a vosotros
a través de unas manos dichosas que se fueron.

Era, luego, en la sala del rincón en penumbra,
lejos del comedor primero de los seis,
y aunque cerca también de vosotros, perdido,
casi infinitamente perdido me sentíais,

muy tarde, ya muy tarde,
cuando empieza a agrandarse la llegada del sueño,
un acorde de agua, una rama nocturna,
una orilla, un amor, una pena a vosotros
dulcemente me unían
a través de unas manos cansadas que se fueron.

Y es ahora, distante,
más infinitamente que entonces, desterrado
del comedor primero, del rincón en penumbra
de la sala, es ahora,
cuando aquí, tembloroso,
traspasado de invierno el corazón, María,
Vicente, Milagritos, Agustín y Josefa,
uno, el seis, Rafael, vuelve a unirse a vosotros,
por la rama, el amor, por el mar y la pena,
a través de unas manos lloradas que se fueron.

BALADA DE LO QUE EL VIENTO DIJO

La eternidad bien pudiera
ser un río solamente,
ser un caballo olvidado
y el zureo
de una paloma perdida.

En cuanto el hombre se aleja
de los hombres, viene el viento
que ya le dice otras cosas,
abriéndole los oídos
y los ojos a otras cosas.

Hoy me alejé de los hombres,
y solo, en esta barranca,
me puse a mirar el río
y vi tan sólo un caballo
y escuché tan solamente
el zureo
de una paloma perdida.

Y el viento se acercó entonces,
como quien va de pasada,
y me dijo:
La eternidad bien pudiera
ser un río solamente,
ser un caballo olvidado
y el zureo
de una paloma perdida.

BALADA DEL QUE NUNCA FUE A GRANADA

¡Qué lejos por mares, campos y montañas!
Ya otros soles miran mi cabeza cana.
Nunca fui a Granada.

Mi cabeza cana, los años perdidos.
Quiero hallar los viejos, borrados caminos.
Nunca vi Granada.

Dadle un ramo verde de luz a mi mano.
Una rienda corta y un galope largo.
Nunca entré en Granada.

¿Qué gente enemiga puebla sus adarves?
¿Quién los claros ecos libres de sus aires?
Nunca fui a Granada.

¿Quién hoy sus jardines aprisiona y pone
cadenas al habla de sus surtidores?
Nunca vi Granada.

Venid los que nunca fuisteis a Granada.
Hay sangre caída, sangre que me llama.
Nunca entré en Granada.

Hay sangre caída del mejor hermano.
Sangre por los mirtos y aguas de los patios.
Nunca fui a Granada.

Del mejor amigo, por los arrayanes.
Sangre por el Darro, por el Genil sangre.
Nunca vi Granada.

Si altas son las torres, el valor es alto.
Venid por montañas, por mares y campos.
Entraré en Granada.

ESE GENERAL

–Aquí está el general.
¿Qué quiere el general?
–Una espada desea el general.
–Ya no existen espadas, general.
¿Qué quiere el general?
–Un caballo desea el general.
–Ya no existen caballos, general.
¿Qué quiere el general?
–Otra batalla quiere el general.
–Ya no existen batallas, general.
¿Qué quiere el general?
–Una amante desea el general.
–Ya no existen amantes, general.
¿Qué quiere el general?
–Un gran tonel de vino desea el general.
–Ya no hay tonel ni vino, general.
¿Qué quiere el general?
–Un buen trozo de carne desea el general.
–Ya no existen ganados, general.

¿Qué quiere el general?
–Comer yerbas desea el general.
–Ya no existen los pastos, general.
¿Qué quiere el general?
–Beber agua desea el general.
–Ya no existe más agua, general.
¿Qué quiere el general?
–Dormir en una cama desea el general.
–Ya no hay cama ni sueño, general.
¿Qué quiere el general?
–Perderse por la tierra desea el general.
–Ya no existe la tierra, general.
¿Qué quiere el general?
–Morirse como un perro desea el general.
–Ya no existen los perros, general.
¿Qué quiere el general?
¿Qué quiere el general?
Parece que está mudo el general.
Parece que no existe el general.
Parece que se ha muerto el general,
que ya, ni como un perro, se ha muerto el general,
que el mundo destruido, ya sin el general,
va a empezar nuevamente, sin ese general.

LOS 8 NOMBRES DE PICASSO

¿Qué hubiera sido de ti, Pablo,
si de entre los ocho nombres
con que fuiste bautizado
hubieras preferido al de Pablo Picasso
el de Diego Picasso,
al de Diego Picasso
el de José Picasso,
al de José Picasso
el de Francisco de Paula Picasso,
al de Francisco de Paula Picasso
el de Juan Nepomuceno Picasso,
al de Juan Nepomuceno Picasso
el de María de los Remedios Picasso,
al de María de los Remedios Picasso
el de Crispín Picasso,
al de Crispín Picasso
el de Crispiniano de la Santísima Trinidad Picasso?

¿Cómo hubiera pintado Diego Picasso,
cómo José Picasso,
cómo Francisco de Paula Picasso,
cómo Juan Nepomuceno Picasso,
cómo María de los Remedios Picasso,
cómo Crispín Picasso,
cómo Crispiniano de la Santísima Trinidad Picasso?
¿Cómo hubiera sido posible:
PRIMERA EXPOSICIÓN EN BARCELONA DE
   DIEGO PICASSO
HA LLEGADO A PARÍS JOSÉ PICASSO
CUADROS Y DIBUJOS EN LA GALERÍA VOLLARD
   DE FRANCISCO DE PAULA PICASSO
ENCUENTRO DE MAX JACOB CON JUAN
   NEPOMUCENO PICASSO
GUILLAUME APOLLINAIRE: «EL CUBISMO DE
   MARÍA DE LOS REMEDIOS PICASSO»
DE GOYA A CRISPÍN PICASSO
LOS GLORIOSOS 85 AÑOS DE CRISPINIANO DE
   LA SANTÍSIMA TRINIDAD PICASSO?

Pero no ha sido así
y sólo en la partida de bautismo quedaron
como siete posibles invisibles hermanos,
Diego,
José,

Francisco de Paula,
Juan Nepomuceno,
María de los Remedios,
Crispín
y Crispiniano de la Santísima Trinidad Picasso.
Y salió sólo Pablo
sin Diego,
sin José,
sin Francisco de Paula,
sin Juan Nepomuceno,
sin María de los Remedios,
sin Crispín,
sin Crispiniano de la Santísima Trinidad Picasso.

    Solo PABLO PICASSO

A PABLO NERUDA, CON CHILE EN EL CORAZÓN

No dormiréis, malditos de la espada,
cuervos nocturnos de sangrientas uñas,
tristes cobardes de las sombras tristes,
violadores de muertos.

No dormiréis.

Su noble canto, su pasión abierta,
su estatura más alta que las cumbres,
con el cántico libre de su pueblo
os ahogarán un día.

No dormiréis.

Venid a ver su casa asesinada,
la miseria fecal de vuestro odio,
su inmenso corazón pisoteado,
su pura mano herida.

No dormiréis.

No dormiréis porque ninguno duerme.
No dormiréis porque su luz os ciega.
No dormiréis porque la muerte es sólo
vuestra victoria.

No dormiréis jamás porque estáis muertos.

Papel certificado por el Forest Stewardship Council®

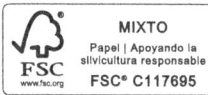

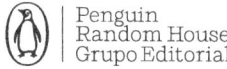

Primera edición: marzo de 2018
Tercera reimpresión: junio de 2024

© El alba del alhelí: 1924, *Marinero en tierra*; 1925, *La amante*; 1926, *El alba del alhelí*;
1927-1928, *Sobre los ángeles*; 1929-1930, *Sermones y moradas*; 1929, *Yo era un tonto y lo que he visto me ha hecho dos tontos*; 1936, *Nuestra diaria palabra*; 1934-1938, *De un momento a otro*; 1939-1940, *Entre el clavel y la espada*; 1945-1967, *A la pintura*; 1945-1963, *Signos del día*; 1949-1953, *Coplas de Juan Panadero*; 1948-1956, *Retornos de lo vivo lejano*; 1953-1954, *Baladas y canciones del Paraná*; 1961-1965, *El matador (poemas escénicos)*; 1966-1970, *Los 8 nombres de Picasso y no digo más de lo que no digo*; 1972-1978, *Fustigada luz*
© 2018, Penguin Random House Grupo Editorial, S. A. U.
Travessera de Gràcia, 47-49. 08021 Barcelona
© 1998, Carlos Feliu, por la selección
Diseño de la cubierta: Penguin Random House Grupo Editorial / Nora Grosse

Penguin Random House Grupo Editorial apoya la protección del *copyright*.
El *copyright* estimula la creatividad, defiende la diversidad en el ámbito de las ideas
y el conocimiento, promueve la libre expresión y favorece una cultura viva.
Gracias por comprar una edición autorizada de este libro y por respetar las leyes del *copyright*
al no reproducir, escanear ni distribuir ninguna parte de esta obra por ningún medio sin permiso.
Al hacerlo está respaldando a los autores y permitiendo que PRHGE continúe publicando libros
para todos los lectores. Diríjase a CEDRO (Centro Español de Derechos Reprográficos,
http://www.cedro.org) si necesita fotocopiar o escanear algún fragmento de esta obra.

Printed in Spain – Impreso en España

ISBN: 978-84-397-3422-2
Depósito legal: B-246-2018

Compuesto en La Nueva Edimac, S. L.
Impreso en Liber Digital, S. L. (Casarrubuelos, Madrid)

RH 3 4 2 2 A